EL NIÑO CON SOBREPESO U OBESIDAD

Cómo utilizar Psicocuentos

Cada obra de la colección consta de un *cuaderno* y de un *cuento*. Se recomienda a los padres, tutores y educadores en general que lean previamente el cuaderno, para conocer la información más importante y las pautas de actuación contrastadas por la investigación científica y la experiencia profesional. La lectura se complementa con las actividades propuestas.

Una vez asimilados los contenidos del cuaderno, se está en disposición de obtener el máximo provecho del cuento. Es importante escoger un momento y un lugar tranquilos para leer con entusiasmo el texto, comentar las ilustraciones y, sobre todo, sugerir acciones que ayuden a superar el problema infantil.

Marta Isabel Díaz García

EL NIÑO CON SOBREPESO U OBESIDAD

EDICIONES PIRÁMIDE

La colección ofrece a los padres y a las personas relacionadas con los niños pautas de intervención provechosas avaladas por la investigación. Cada título consta de un cuaderno para los padres, con información contrastada y consejos prácticos sobre qué hacer o no hacer en el día a día, y de un cuento para el niño, con el objetivo de ayudarle a enfocar sus emociones de manera positiva y divertida, a resolver sus preocupaciones y dificultades, en definitiva, a hacer frente a los retos de crecer, desarrollarse y hacerse mayor.

Directores de la colección: Aurora Gavino y Francisco Xavier Méndez

Primera edición: octubre, 2025

© Marta Isabel Díaz García
© Ilustrador: José Luis Espuelas
© Ediciones Pirámide (Grupo Anaya, S. A.), 2025
Valentín Beato, 21. 28037 Madrid
Teléfono: 91 393 89 89
www.edicionespiramide.es

PAPEL DE FIBRA
CERTIFICADA

ISBN: 978-84-368-5073-4
Depósito legal: M. 17.029-2025
Impreso en España - Printed in Spain

Índice

Mi niño tiene sobrepeso

La alimentación de los hijos es una de las inquietudes más frecuentes de los padres, sobre todo cuando se trata del primer hijo. En principio, el que el niño no se alimente suficientemente es la opción más habitual, sin embargo, la preocupación por el problema contrario, el que el niño coma mucho, está empezando a aumentar de forma rápida.

Vivimos en una sociedad en la que se puede comprobar fácilmente el creciente incremento de la obesidad en la población infantil, siendo uno de los temas de salud pública más preocupantes de la actualidad. La cuestión es alarmante si tenemos en cuenta que el sobrepeso y la obesidad infantil suelen ser trastornos que persisten en la vida adulta, empeorando a medida que el niño crece y transformándose en un problema que afectará a lo largo de toda su vida.

La obesidad infantil se relaciona no solo con un mayor riesgo de enfermedades médicas en la vida adulta (hipertensión, diabetes tipo 2, trastornos cardiovasculares, disfunciones hormonales, cáncer, etc.), sino también con numerosas consecuencias psicosociales que empiezan a tener especial visibilidad y relevancia cuando los niños entran en la adolescencia (ansiedad, depresión, rechazo social, trastornos de la alimentación, etc.).

El origen del sobrepeso tiene mucho que ver con el hecho de que los hábitos nutricionales y el estilo de vida han cambiado en las últimas décadas. Muchos niños pasan menos tiempo que antes haciendo ejercicio y más tiempo frente al televisor, el ordenador o la videoconsola. Las ajetreadas familias de hoy en día tienen menos tiempo libre para preparar comidas según la dieta mediterránea, y, aunque la mayoría de la población infantil española realiza las comidas principales en el hogar, comer en casa ya no es garantía de comer sano. Además, no solo hay menos tiempo y ganas de cocinar, sino que tampoco hay tiempo para implicarse en actividades físicas con los niños y enseñar a nuestros pequeños que el movimiento es vida y salud.

La familia constituye durante los primeros años de vida el grupo social fundamental donde los niños aprenden a gestionar el consumo de los alimentos, por tanto, los padres son los agentes sociales más importantes en el tratamiento del sobrepeso y la obesidad durante la infancia. Cuando estos colaboran directamente con los profesionales de la salud se obtienen mejores resultados. Pero ¿son los padres conscientes de que su hijo presenta un problema de sobrepeso u obesidad?, ¿son sabedores de la gravedad de este problema?

Un dato curioso acerca del problema del sobrepeso y la obesidad infantil es el hecho de que este problema no suele ser detectado por los padres, algo que sí ocurre siempre con el problema contrario (cuando en niño no come o come mal); de hecho, en la mayor parte de los casos, es el pediatra quien pone en alerta a los padres acerca de que el niño está en un peso por encima de la normalidad y que hay que empezar a controlar ese aumento. Este dato suele recibirse con desconcierto, e incluso puede ser puesto en duda por parte de algunos padres, abuelos, amigos, etc. Lo cierto es que, si no existe una necesidad sentida como real por parte de los progenitores, nos encontraremos con una resistencia al cambio en el núcleo familiar, y cualquier acción que haya que llevar a cabo desde las instituciones sanitarias, tanto para prevenir como para tratar, no logrará la eficacia esperada.

En esta guía se tratará de dar respuesta de forma sencilla a las dudas más frecuentes de los padres, aportando recomendaciones psicoeducativas y de estilo de vida que han mostrado ser de gran ayuda en el proceso de solución de este problema de salud. Es importante recalcar que las orientaciones y sugerencias que se exponen en las páginas siguientes no sustituyen en ningún caso el papel de los médicos, sino que deberán estar siempre al servicio de las indicaciones de los pediatras o endocrinólogos que traten al niño.

¿Realmente mi niño tiene sobrepeso u obesidad?

Antes de una intervención se debe conocer cómo valoran los padres este problema de salud. Diversos estudios indican que una mayoría de padres de niños con sobrepeso u obesidad no perciben adecuadamente el peso de su hijo o lo consideran menor del que realmente tienen. Entre el 32,1% y el 87,5% de las madres de estos niños no perciben esta situación, y sus hijos tienen 4,5 veces más probabilidades de continuar con exceso de peso en la vida adulta, en comparación con los hijos de las madres que sí perciben el problema. Además, se ha documentado que cuando este problema no es percibido como real, los padres siguen estimulando la alimentación del niño, pues consideran que su peso es sinónimo de salud y de buenas pautas de crianza. El primer paso es, por tanto, reconocer el problema.

Sabemos que:

Los niños con sobrepeso no son niños saludables, muy al contrario, son niños que pueden tener en breve problemas de salud y un mayor riesgo de ser adultos obesos.

Para estudios en adultos se utiliza el Índice de Masa Corporal (IMC) (que es el resultado de dividir el peso en kilogramos por la altura en metros cuadrados), y los puntos de corte de Garrow-Webster (1985) que establecen 25 y 30 Kg/m2 como los límites inferiores del sobrepeso y la obesidad respectivamente. Pero en el caso de los niños la situación es un poco más complicada pues el exceso de adiposidad se añade a los cambios en los depósitos de grasa propios del crecimiento. De esta forma es necesario establecer cuál es la cantidad de grasa corporal propia de cada edad y sexo para después determinar los puntos de corte que identifiquen los casos de obesidad con la mayor precisión posible. Para ello, los médicos que monitorizan el desarrollo del niño, suelen utilizar el manual de *Curvas y tablas de crecimiento* de la Fundación Orbegozo, donde aparecen las tablas con los percentiles de IMC en función de la edad y el sexo. En general se considera:

1. **Peso por debajo de lo normal:** IMC inferior al centil 5.

2. **Peso normal:** IMC entre los centiles 5 y 85.
3. **Sobrepeso:** IMC entre los centiles 85 y 95.
4. **Obesidad:** IMC superior al centil 95.

El percentil indica el porcentaje de niños de la misma edad que se encuentra por debajo del valor asignado a un niño concreto. Por ejemplo, María tiene 6 años y su peso está en un centil 86, este dato indica que el peso de María está por encima del 86% de la población de su edad. Es decir, el 86% de los niños de la edad de María tienen un peso menor que el de María. Si el peso de María hubiera estado en un percentil 55, este dato nos indicaría que su peso está en la media de su grupo de comparación, es decir, el 55% de los niños tienen un peso por debajo del de María y un 45% por encima.

Es necesario matizar que el IMC no es una medida directa de la grasa corporal y que hay situaciones en que puede llevar a confusión. Por ejemplo, un niño con más musculatura puede tener un IMC alto sin tener sobrepeso, por tanto, debe ser el médico tratante quien establezca si realmente el niño es un caso de sobrepeso u obesidad y debe reducirse la cantidad de grasa corporal.

Como padres responsables:

¿Qué responderíamos a las siguientes preguntas y cómo actuaríamos en consecuencia?

- ¿Conocemos el percentil que corresponde al IMC de nuestro hijo?
- ¿El percentil es indicativo de riesgo de sobrepeso u obesidad?
- ¿Hemos sido alertados por el pediatra de la necesidad de controlar el incremento de peso de nuestro hijo?
- ¿Somos conscientes del riesgo o lo ponemos en duda? La duda, ¿viene de nosotros mismos o alguien cercano que nos ha dicho que le parece una exageración?
- Si objetivamente el percentil está en el rango del sobrepeso u obesidad, ¿estamos siguiendo las indicaciones del pediatra?

Causas del sobrepeso de los niños

La obesidad infantil es un problema complejo que obedece a la interacción entre variables biológicas, psicológicas y sociales. A veces, una ganancia excesiva de peso puede estar facilitada por desequilibrios endocrinos, síndromes genéticos y/o la toma de determinados medicamentos. Sin embargo, es necesario tener en cuenta que tanto los genes como los hábitos se transmiten de padres a hijos, y que, por tanto, es posible que varios miembros de la misma familia tengan problemas de sobrepeso al tener hábitos alimentarios similares, semejantes niveles de actividad física y actitudes similares ante el sobrepeso.

Sabemos que:

Los resultados de la investigación indican con claridad que los cambios en el estilo de vida (las nuevas costumbres alimentarias y el déficit de actividad física) suelen ser los responsables directos del incremento de peso en los niños.

El cambio del funcionamiento del núcleo familiar y la dificultad de muchospadres para conciliar vida familiar y laboral hace que las tareas de crianza, entre las que está la alimentación, reciban menos tiempo y atención. Por estos motivos, se buscan y ofrecen a los más jóvenes soluciones de alimentación rápidas y apetecibles. De hecho, el pan, el arroz, el pescado, las legumbres, la fruta y la verdura están siendo sustituidos cada vez más por dulces, grasas, refrescos, pizzas, golosinas y un exceso de alimentos precocinados (procesados). Por otra parte, empieza a no ser infrecuente que los niños salgan de casa sin haber desayunado (uno de los comportamientos más asociados a la obesidad), llevando o comprando camino de la escuela algún bollo industrial (con un alto contenido en grasas saturadas) que será la primera toma del día. Este comportamiento suele ser consecuencia de no levantarse con tiempo suficiente para tomar el desayuno, y, a su vez, no levantarse con tiempo es el resultado de no dormir lo suficiente.

Sabemos que:

Los niños españoles, desde muy pequeños, no duermen las suficientes horas durante los días de colegio o guardería.

Además, nuestra vida es cada vez más sedentaria, concretamente, en el caso de los niños, se han perdido la calle como lugar de juegos, pues la mayor parte de los pueblos y ciudades ya no son sitios seguros para las actividades al aire libre (correr, ir en bici, saltar, etc.). Por otra parte, las preferencias de los más pequeños han cambiado sustancialmente y la televisión, los videojuegos, la tablet o el ordenador han sustituido a la calle y, lógicamente, estos aparatos hacen quemar poca energía.

Los datos indican que, en general, los niños menores de seis años pasan un promedio de dos horas diarias delante de una pantalla, mayoritariamente viendo vídeos o programas de televisión. Los niños mayores y los adolescentes pueden pasar hasta cuatro horas diarias frente al televisor. Si también incluimos los videojuegos y el ordenador, el tiempo que estos niños pasan ante una pantalla aumenta a cinco horas y media diarias. Es evidente que cuanto mayor sea el tiempo dedicado a estas actividades mayor es la probabilidad tener sobrepeso. No es de extrañar, por tanto, que el hecho de tener televisión en el dormitorio también se asocie a una mayor probabilidad de desarrollar sobrepeso.

> ## Sabemos que:
>
> La American Academy of Pediatrics (AAP) (Academia Americana de Pediatría), uno de los organismos internacionales que marca las recomendaciones de un crecimiento saludable, recomienda limitar el tiempo de ocio que los niños (de más de dos años) pasan delante de pantallas a no más de una o, como mucho, dos horas diarias. Asimismo, la AAP desaconseja que niños menores de dos años vean la televisión o jueguen con dispositivos electrónicos.

¿Tengo que poner a dieta a mi niño?

Ayudar a un niño con sobrepeso u obesidad difiere notablemente de cómo se ayuda a un adulto con el mismo problema. Mientras que en el caso del adulto las intervenciones se dirigen a motivar y conseguir el cambio de hábitos en el afectado para perder peso, en el caso de los niños el objetivo es conseguir que la familia cambie rutinas de vida. Además, el objetivo principal con un niño pequeño no tiene que ser necesariamente perder peso, ya que esta etapa de la vida coincide con el crecimiento y, si se consigue un peso estable, el aumento de la altura irá corrigiendo progresivamente el exceso de peso.

El cambio en toda la familia es fundamental. Los niños tienden a identificarse con sus padres, mucho más cuanto más pequeños son. Los niños imitan lo que hacen los adultos, y más cuando son sus padres. Tampoco es razonable que haya diferencias sustanciales en la dieta de los hermanos; si uno de los hijos tiene un problema hay que ayudarlo, además, como la estrategia será cambiar las rutinas de vida por otras más saludables, lo que es bueno para uno de los hijos indudablemente será bueno para todos.

> **Sabemos que:**
>
> Las instrucciones de los padres solo serán útiles si van acompañadas de un comportamiento en el mismo sentido. Los niños se quedan con lo que ven, no con aquello que se les dice. Las personas más importantes a la hora de ayudar a los niños con problemas de sobrepeso son los padres.

Las herramientas con las que como padres debemos abordar el problema son dos: 1) alimentación saludable y 2) actividad física.

De forma general, la manera de ayudar a un niño con sobrepeso u obesidad es preparar una dieta global para toda la familia, que las comidas se hagan conjuntamente, planificar las comidas regulares que se hacen individualmente (como son la de media mañana y la merienda) y programar también el aumento de ejercicio físico, pero respetando la voluntad del niño por pequeño que este sea. No es ni recomendable ni efectivo imponer al niño una serie de medidas sin contar con él, mucho menos si otros miembros de la familia siguen con hábitos que a él no se le permiten. Si las nuevas formas de actuar se convierten en un momento de discusión y malestar, no conseguiremos que se mantengan en el tiempo. Se ha de hacer el ejercicio de recordar sus alimentos favoritos, y se observará que muy probablemente están asociados a momentos agradables y emociones positivas.

La parte de la dieta que sea conjunta con el resto de la familia tendrá que ser pactada con el niño y la familia, y las comidas que realice de forma individual serán negociadas con el niño, cediendo en algún punto para que tenga algún aliciente y esté más motivado.

A la hora de elaborar este plan es esencial parar a reflexionar acerca de cómo lo estamos haciendo los adultos. Primero debemos ser capaces de hacer lo que le vamos a sugerir a nuestro niño y ser conscientes de que quizá debamos empezar el proceso de cambio de hábitos con él de forma gradual. Es mejor empezar por poco y mantenerlo, que hacer grandes cambios que no podamos mantener.

> ### Sabemos que:
> En muchas ocasiones la impotencia que los padres sienten con la alimentación de sus hijos tiene que ver con su propia desesperación por no conseguir mantener ellos mismos los hábitos saludables con los que pretenden educar.

Cómo padres responsables:

¿Qué responderíamos a las siguientes preguntas y cómo actuaríamos en consecuencia?

Las ideas, sentimientos y experiencias con la comida y la forma de comer influyen decisivamente en la manera de alimentar a los hijos. Utilice las siguientes preguntas para ser consciente de su aprendizaje en cuanto a la alimentación.

- ¿Cómo eran las comidas cuando usted era niño y adolescente? ¿Eran un momento agradable? ¿Cuáles eran sus alimentos preferidos y más frecuentes? ¿Tiene buenos hábitos de alimentación ahora?
- ¿Qué alimentos tienen para usted especial importancia? ¿Le premiaban con comida? ¿Se premia a día de hoy con comida?

¿En qué consiste una alimentación saludable?

Los alimentos y bebidas que consumen las personas tienen un profundo impacto en su salud. La conexión entre la comida y la salud ha sido establecida por la investigación científica durante muchas décadas, y los resultados indican que una forma de comer sana puede ayudar a las personas a lograr y mantener una buena salud y reducir el riesgo de enfermedades crónicas en todas las etapas de la vida. Por tanto, no espere a que su hijo sea mayor para intentar cambiar sus hábitos, empiece desde ya.

Una alimentación saludable es aquella que permite cubrir las necesidades nutricionales y de desarrollo del niño. Es una alimentación variada y equilibrada está formada por todos los macronutrientes necesarios (proteínas, hidratos de carbono y grasas) y micronutrientes (vitaminas y sales minerales), procedentes de alimentos no procesados o lo menos procesados posible.

Una buena forma de saber si una comida es saludable y equilibrada es utilizar el llamado «Plato Harvard», una sencilla guía elaborada por la Escuela de Medicina T. H. Chan de la Universidad de Harvard (EE. UU.) para hacer más fácil la preparación de comidas equilibradas que consiste en la distribución de alimentos en un plato según las siguientes indicaciones:

- 25% proteínas de calidad (carnes bajas en grasas, pescado, legumbres). Las proteínas tienen la función, entre otras, de formar los músculos.
- 25% carbohidratos (cereales integrales, arroz, pasta, patatas, legumbres). Los carbohidratos (también llamados azúcares) aportan la energía para que el organismo funcione y pueda realizar las actividades que le pedimos.
- 30-40% verduras variadas, que aportan vitaminas, minerales y fibra.
- 10-20% fruta, que aportan también vitaminas, minerales y fibra, además de una buena dosis de carbohidratos.

Tenga en cuenta que cada niño puede tener necesidades nutricionales y calóricas diferentes, por tanto, siga las pautas del pediatra en este sentido.

El PLato para Comer Saludable para Niños

No obstante, cualquier pediatra les dará sugerencias parecidas a las siguientes indicaciones:

- Intente que su niño consuma un mínimo de 5 raciones al día de frutas y verduras, y que al menos 3 sean de hortalizas y 2 de frutas. Tenga en mente que el consumo de zumos de frutas no es un sustituto de las frutas enteras. Ejemplos de una ración de verduras (150-200 g.) son un plato llano de tamaño normal de ensalada variada, un plato de verdura cocida o un bol de crema de hortalizas (dos cacitos de los de servir). Una ración de fruta fresca (120-200 g.) son una pieza de tamaño mediano, un tazón mediano de cerezas o fresas o dos rodajas de melón o sandía.

- Hay verduras y frutas que son especialmente recomendables por sus beneficios para la salud. Por ejemplo, las verduras crucíferas (coles, repollos y rábanos) o las verduras de hoja verde oscura (espinacas, acelgas, etc.), los cítricos (naranjas, limones, mandarinas, pomelos, etc.) y los frutos rojos (fresas, frambuesas, arándanos, moras, etc.) están dentro del grupo de los alimentos más aconsejables. Es cierto que no suelen ser del agrado de muchos niños, pero poco a poco podemos introducir algunos de estos alimentos en la dieta, aunque sea en pequeñas cantidades o mezcladas con otros alimentos para enmascarar su sabor.

- Modere el consumo de patatas y otros tubérculos en su niño. Tienen una elevada cantidad de azúcares de digestión rápida y no cuentan como hortalizas sino como hidratos de carbono. Una ración (150-200 g.) es una patata grande o dos pequeñas. Las patatas fritas deben ser de consumo ocasional (como mucho una vez cada quince días); si a su niño le gustan mucho las patatas, cambie las patatas fritas por una ración de patatas asadas, o utilice la freidora de aire. Esta es una buena forma de empezar a reducir calorías.

- El consumo de cereales debe estar entre 3 y 6 raciones al día (más si el niño lleva una vida muy activa y no más de 4 raciones si se necesita reducir el consumo de calorías). Ejemplos de una ración de cereales son: 40-60 g. de pan, 60-80 g. de pasta o arroz sin cocer. Intente que los cereales sean de grano entero como el arroz, el pan o la pasta integrales (preferiblemente 100 %), en primer lugar, saciarán más al niño y durante más tiempo, y en segundo lugar le aportarán más micronutrientes.

- Las legumbres son un elemento fundamental de la dieta mediterránea y son una fuente importante de proteínas. Quizá su niño no esté acostumbrado a un consumo frecuente, por tanto, aumente poco a poco su consumo para que sean bien toleradas y aceptadas. Una ración son 50-60 g. sin cocer o unos 170 g. ya preparadas. Las legumbres, también pueden prepararse con otros ingredientes vegetales y consumirse en ensaladas, pero tal vez en puré junto a las verduras es como mejor se las comen los niños.

- Los niños suelen aceptar bien la carne de pollo y de ternera, pero hay que intentar que al menos 3 raciones de proteína a la semana sean de pescado. El pescado azul es especialmente beneficioso (sardinas, boquerones, caballa, chicharro, etc.), el pescado blanco quizá sea mejor aceptado al principio, pues su sabor suele ser más suave (pescadilla, merluza, bacaladillas, etc.).

- La leche de vaca debe ser también un alimento frecuente dentro de la dieta de un niño sano. Se recomienda el consumo de 2-3 raciones diarias de leche y lácteos a partir de los 12 meses de edad. La leche entera es la menos procesada y la que se aconseja en general para los niños, pues la grasa presente de forma natural en la leche ayuda a que algunas vitaminas (la vitamina A o la D) sean mejor absorbidas; pero cuando los niños presentan sobrepeso puede ser preferible elegir leche de vaca semidesnatada (incluso desnatada), no obstante, esta elección debe hacerse siempre bajo supervisión del pediatra.

- Reduzca todo lo que pueda el consumo de «comida basura» que contiene sal, azúcar y grasas saturadas adicionales, como galletas, pasteles, helados, chucherías, patatas fritas industriales y comida rápida.

- Intente que su niño no consuma margarinas o mantequilla. El consumo de grasa debe ser bajo, pues muchos alimentos ya contienen en su composición la grasa que el niño necesita, y en cuanto a las grasas que se añaden a los platos que el niño consumirá deben ser de calidad, por ejemplo, una cucharada de aceite de oliva en una tostada o en la ensalada, un poco de aguacate untado en el pan, etc.

- El agua debe ser la fuente principal de hidratación en los niños; las bebidas azucaradas como refrescos y jugos de frutas deben ser reducidas al máximo. Una buena idea es que sean consumidas de forma esporádica y fuera de casa, así el niño dejará de asociar el hogar al consumo de esas bebidas.

- Tenga cuidado con la cantidad de zumo fruta natural que consume su hijo; aunque proceda de fruta natural, un zumo de fruta contiene una gran cantidad de azucares que pasan de forma rápida a la sangre, pudiendo contribuir al sobrepeso de su niño. Por otro lado, al tratarse de bebidas muy dulces, con su uso excesivo contribuimos a crear una apetencia excesiva por los sabores dulces.

Como padres responsables:

¿Qué responderíamos a las siguientes preguntas y cómo actuaríamos?

- ¿Se parece la alimentación de mi niño las sugerencias anteriores?
- ¿El plato que come mi niño en casa y en el colegio se parece al "plato Harvard"?
- Es importante saber cuál es el punto de partida: ¿Puedo hacer una lista de alimentos saludables que sí consume mi niño, de qué forma están cocinados y contar cuántas veces por semana los consume?

¿Qué puedo hacer para cambiar los gustos de mi niño?

No se desanime si ha comprobado que la alimentación de su niño es muy diferente a las indicaciones del punto anterior. El gusto y las apetencias por los alimentos se educan desde pequeños, y poco a poco. Hay niños menos curiosos y mucho más restrictivos en su acercamiento a los alimentos nuevos, pero con algo de paciencia y estrategia puede lograrlo.

No olvide que los niños que crecen con hábitos alimenticios saludables tienen más probabilidades de elegir comidas y bebidas saludables cuando sean mayores. Aquí hay algunas sugerencias para animar a su hijo a comer sano:

- Anime a su niño a comer solo cuando tenga hambre y a detenerse cuando esté lleno, en lugar de pedirle que termine lo que tienen en el plato.
- Para lograr que su niño discrimine bien la sensación de saciedad debe comer de forma lenta y masticar bien los alimentos.
- Explíquele a su hijo que algunos alimentos son solo para algunas ocasiones. Consúmalos únicamente en ocasiones especiales, por ejemplo, una tarta solo es para un cumpleaños. No almacene en casa esos alimentos, si el niño sabe que están allí insistirá y, casi con seguridad, cederemos más veces de las que deberíamos.
- Resista la tentación de utilizar la comida como castigo (por ejemplo, la verdura no puede ser un correctivo, mientras los demás consumen una lasaña) ni como refuerzo (por ejemplo, si el niño se ha portado bien no le daremos unas natillas o unas galletas de chocolate).
- Evite que el niño utilice la comida como distracción. Estar aburrido o no saber qué hacer no es motivo para comer.
- Desayune con su hijo para que adquiera este hábito. Un vaso de leche, una pieza de fruta (o media) y una tostada de pan integral son un buen desayuno.
- Hable con su niño durante la comida, coméntele cosas agradables y no ponga la TV.
- Tenga unos horarios regulares y razonables, el niño debe tener hambre a la hora de comer, pero no estar tan hambriento que coma con ansiedad.

Puede ser divertido para el niño la actividad de colocar con usted pegatinas de colores sobre los alimentos para así recordar la frecuencia de consumo de cada uno de ellos.

1. **Verde** (puedes pasar): pertenecen a este grupo los alimentos que contienen entre 0 y 1 gr. de grasa por porción, incluye básicamente las frutas y verduras. Aquí no hay restricción.

2. **Amarillo** (pasa con cuidado): pertenecen a este grupo los alimentos que contienen entre 2 y 5 grs. de grasa por porción. Este grupo también incluye los hidratos de carbono y las proteínas (pan, arroz, pasta, carne, algunos embutidos, pescados, etc.).

3. **Rojo** (para, no puedes pasar): son alimentos que contienen un alto contenido de grasas (más de 5 grs. por porción) o hiperprocesados, que deben ser preferentemente excluidos y, si no es posible, consumidos de forma muy esporádica. Se incluyen aquí los helados, las golosinas, chocolate con leche, bollos industriales, hamburguesas, patatas fritas, etc.

¿Cómo introducir nuevos alimentos en la alimentación de mi niño?

• Presente solo un alimento nuevo al tiempo, en una pequeña cantidad, y sírvalo acompañado de otros alimentos del gusto del niño. No hay nada más desmotivador para un niño que ver un plato lleno de un alimento nuevo nada apetecible.

• Anime al niño a probar el alimento, pero no lo obligue, ni forcejee, ni discuta con él para que coma. En muchos casos los niños terminan asociando determinados alimentos a discusiones y malestar emocional; es difícil que si la verdura o el pescado han estado asociados a una situación negativa puedan llegar a ser del agrado del niño.

• Si no acepta el alimento, incluso en pequeñas cantidades, no se desespere y pruebe unos días más tarde. Al principio puede costar más, a medida que se acostumbran a probar, los niños aceptan mejor los nuevos alimentos.

- Convierta la comida y la preparación de la comida en un momento agradable. A los niños les gusta explorar y, cuanto más sepan sobre alimentación y cómo cocinar, más disfrutarán con la comida.

- Si su niño lo ve a usted disfrutar con la comida, con nuevos alimentos, le resultará más fácil probarlos. No olvide que es su modelo de conducta; lo que quiera que el niño haga, hágalo usted, y lo que no quiera que haga, no lo haga usted.

- Implique al niño en la preparación de los alimentos y en la compra. Por ejemplo, llévelo al supermercado y vaya dándole nombres de alimentos a ver si los localiza, o apúntese con su niño a un curso de cocina para niños; ver a otros niños seguramente le animará a probar otros alimentos, y a usted le ofrecerá ideas ricas y saludables para él.

Por encima de todo, no tire nunca la toalla. Vaya consiguiendo pequeños logros y manténgalos. Por ejemplo, empiece por plantear un día si TV a la hora de comer y espere a que sea algo que ya no se cuestiona antes de introducir otro día; si su niño no admite el pescado, empiece por una porción pequeña una vez por semana, acompañada de algún otro alimento que le agrade. Espere a que los cambios sean aceptados como parte de la normalidad antes de introducir otros.

Cómo padres responsables:

¿Qué responderíamos a las siguientes preguntas y cómo actuaríamos en consecuencia?

- ¿Tengo la actitud adecuada para acompañar a mi niño en su cambio de hábitos?
- ¿He dejado de ofrecer a mi niño alimentos saludables por falta de tiempo o de paciencia?
- ¿Soy un buen modelo de alimentación para mi niño?
- Cuando voy a la compra y cocino, ¿son momentos agradables para la familia o suele haber discusiones?

Mi niño es muy glotón y quiere comer a todas horas

Hay padres que están desesperados porque su hijo no para de pedir comida, y, en cuanto se descuidan, el niño se lleva algo a la boca. Normalmente son niños que tienen especial preferencia (porque están acostumbrados) a alimentos hiperprocesados, dulces, bollerías y otros alimentos fáciles y apetecibles.

Lo primero es identificar si la falta de orden en la alimentación del niño es un reflejo de la falta de orden en las comidas en la casa. Los niños necesitan en los primeros años de vida tener más sistematicidad para poder establecer asociaciones que después faciliten el ser disciplinados en el día a día: un horario de sueño, un horario de baño, un horario de ocio, un horario de trabajo (su guardería o colegio) y, por supuesto, un horario para la alimentación. Por tanto, lo primero es ordenar nuestra vida para que ellos puedan estar más dispuestos a tener un orden. Ordenar los horarios es ayudar a ordenar sus sensaciones de saciedad.

Hay niños que necesitan comer más veces que otros. Si siempre tienen hambre, será mejor hacer cinco comidas al día para que le resulte más fácil aguantar hasta la siguiente ingesta, pero es esencial ir observando cuándo tiene más apetito y cuándo menos y adaptar las horas de las comidas a su ritmo metabólico. Hay niños que no tienen mayor problema durante los días de colegio porque están distraídos, pero al llegar el fin de semana es un caos. Es importante identificar si están pasando demasiadas horas sin comer. Por ejemplo, si ha desayunado a las 9.00 y la comida se está sirviendo a las 15.30, lo que puede estar sucediendo es que la hora de comer sea demasiado tardía y que, a partir de un determinado momento, simplemente necesite comer algo.

Algunas veces los pequeños han empezado a desarrollar lo que se llama alimentación emocional, es decir, comer se convierte en una opción para gestionar sus emociones, no el hambre. Este camino suele aprenderse en casa; los niños son enseñados a entretenerse con comida («vamos a hacer palomitas y así se quedará quieto mientras vemos una película»), a consolarse con comida («no llores, que te doy una chocolatina») o a premiarse con comida

(«¡qué bien los has hecho, ven que te doy una golosina!»). Es de gran relevancia no asociar el acto de comer a otras actividades, aunque sean de ocio o distracción, y también no utilizar la comida como una forma de gestión emocional.

Sabemos que:

La alimentación emocional es responsable del sobrepeso y la obesidad de muchos adultos. Además, esta forma de alimentarse se adquiere durante la niñez.

Otro factor a tener en cuenta es el aporte nutricional de los alimentos y su metabolización. Los carbohidratos rápidos (dulces, bollerías, galletas, chocolates, pasta, pizza, patatas fritas, etc.) sacian menos que los complejos (cereales o pastas integrales). Si el niño está comiendo muchos azúcares refinados, poca verdura, fruta y carbohidratos complejos, será normal que tenga más hambre.

Algunos trucos:

- Tenga horarios sensatos y adaptados al niño.
- Coma siempre con él en el mismo sitio y hable de cosas agradables mientras comen.
- No haga cambios radicales. Empiece por cocinar más alimentos en casa (p. ej., haga la pizza, galletas o bizcochos con harina integral).
- Si su niño está muy acostumbrado al dulce, prepare gelatinas de frutas sin azúcar, congele frutas o zumos naturales para hacerle helados.
- Si su hijo le pide comer y usted sabe que no puede tener hambre porque ha comido de forma adecuada, no discuta con él, simplemente intente demorar el momento y distráigalo con alguna actividad.
- No se desespere y no pretenda que si tiene hambre se autorregule él solo, dedíquele tiempo para que aprenda a dejar de lado su deseo de comer y acompáñelo en la búsqueda de una distracción o en el cumplimiento de una obligación (si tiene que hacer tareas, hágalas con él).

Cómo padres responsables:

¿Qué responderíamos a las siguientes preguntas y cómo actuaríamos en consecuencia?

- ¿Hay un orden en los horarios de alimentación en mi casa?
- ¿Están los horarios de comida adaptados a la edad y necesidades de mi hijo?
- ¿Utilizo la comida para entretenerle?, ¿me ve entretenerme con comida?
- ¿Soy consciente de la necesidad de cocinar más en casa?

¿Es mi niño muy sedentario?

La actividad física es tan importante como la alimentación en el mantenimiento y la consecución de un peso saludable. Los padres suelen considerar que sus hijos se mueven lo suficiente, pero lo cierto es que la actividad física supone menos del 1% del tiempo que están despiertos. Por otra parte, cada vez más centros escolares están eliminando o recortando los programas de educación física.

Sabemos que:

Las recomendaciones actuales de los principales organismos internacionales dedicados a la salud infantil son que los niños de más de 2 años deben hacer un mínimo de 180 minutos de actividad física entre ligera, moderada y vigorosa la mayoría de los días de la semana y, a ser posible, todos los días.

Pautas de actividad física para niños menores de 5 años

Ser físicamente activo todos los días es importante para el crecimiento y desarrollo saludable de los bebés, niños pequeños y niños en edad preescolar. Para este grupo, se debe fomentar la actividad de cualquier intensidad, incluida la ligera y más enérgica.

Niños menores de 1 año: se debe animar a los bebés a estar activos durante todo el día, todos los días, de diversas formas, incluido gatear. Si aún no gatean, anímelos a ser físicamente activos alcanzando y agarrando, tirando y empujando, moviendo la cabeza, el cuerpo y las extremidades durante las rutinas diarias y durante el juego supervisado en el suelo.

Trate de incluir al menos 30 minutos de tiempo «boca abajo» repartidos a lo largo del día. Una vez que los bebés puedan moverse, anímelos a ser lo más activos posible en un entorno de juego seguro y supervisado.

Niños pequeños de 1 a 2 años: deben estar físicamente activos todos los días durante al menos 180 minutos (3 horas). Cuanto más, mejor. Esto debe distribuirse a lo largo del día, incluido jugar al aire libre.

Los 180 minutos pueden estar dedicados a actividades ligeras como ponerse de pie, moverse, rodar y jugar, o más enérgicas como brincar y correr. Los columpios, escalar, andar en bicicleta, jugar en el agua, juegos de persecución o de pelota son buenas ideas para que los niños de esta edad se muevan.

Preescolares de 3 a 4 años: En estas edades los niños deberían también pasar al menos 180 minutos diarios realizando una variedad de actividades físicas distribuidas a lo largo del día, incluido el juego activo y al aire libre. Al menos 1 hora debería estar dedicada a actividad física de intensidad moderada a vigorosa.

Los niños menores de 5 años no deben estar inactivos por períodos prolongados, excepto cuando están dormidos. Ver la televisión, jugar con dispositivos móviles, pasar mucho tiempo en el coche o autobús o estar atado a un cochecito durante mucho tiempo no es bueno para el desarrollo saludable de un niño.

Sabemos que:

Los niños menores de 5 años con sobrepeso pueden mejorar su salud cumpliendo con las pautas de actividad, incluso si su peso no cambia. Todo movimiento cuenta. Cuanto más, mejor.

Ideas de actividad física para menores de 8 años:
- Jugar con bloques y otros objetos.
- Saltar en cama elástica.
- Caminar, por ejemplo, ir al colegio andando.
- Bailar.
- Nadar.
- Actividades en el patio de recreo.
- Trepar.
- Subir escaleras.
- Juego del escondite.
- Lanzar y atrapar algún objeto como la pelota.
- Patinar.
- Montar en bici o triciclo.
- Ayudar a colocar la compra en la cocina.

Cómo padres responsables:

¿Qué responderíamos a las siguientes preguntas y cómo actuaríamos en consecuencia?

- ¿Realiza mi niño la actividad física mínima recomendada?
- ¿Cuánta actividad física realizo yo al día? ¿Soy un buen modelo de actividad física para mi hijo?
- ¿Podría aumentar el tiempo de actividad física con mi hijo diariamente? ¿Podría, por ejemplo, llevarle andando al colegio?
- ¿Le dejo moverse libremente por la casa e interactuar con sus juguetes?
- ¿Fomento que esté distraído con actividades sedentarias en vez de empujarlo a que se mueva?

¿Cómo puedo hablar con mi niño sobre su exceso de peso?

La forma en que hable con su hijo sobre su sobrepeso puede influir en su actitud. Ponga siempre el foco en mantener un estilo de vida saludable, según los siguientes consejos:

- En lugar de hablar de ser «gordo» «pesado» y «obeso», use frases como «estar por encima de su peso más saludable».
- No compare nunca a su hijo con sus compañeros o hermanos.
- En lugar de etiquetar alimentos o actividades como «buenos» o «malos», utilice palabras como «saludable» u «opciones más saludables».
- No haga comentarios negativos sobre su propio peso o la forma de su cuerpo, ya que sus hijos los notarán y aprenderán a criticar su propio aspecto.
- No asocie belleza a perder peso. Estar en el peso que corresponde a la fase de desarrollo del niño es una cuestión de salud, no de cánones estéticos. No utilice frases como «si adelgazas, estarás más guapo».
- Concéntrese más en los pasos hacia un estilo de vida sana, en lugar de establecer metas de pérdida de peso. Con un estilo de vida saludable, el peso va regulándose.
- No utilice las comidas en común para tratar el tema del problema de alimentación de su niño. Cuando se habla del problema en esos momentos el resultado suele ser el conflicto y las actitudes del niño serán de resistencia, ya que percibirá que no hay otro foco de interés para su familia que no sea su alimentación.
- Oriente y supervise de una forma positiva al niño (además de no dedicar el tiempo de las comidas solo a supervisar lo que el niño come) trate de otros temas y mantenga un ambiente positivo.
- No estigmatice al niño estando excesivamente pendiente de su alimentación y peso, hablando de la importancia de su problema y de sus consecuencias futuras. Lejos de motivarlo, la reiteración del tema puede llevar a su niño a habituarse al discurso, a minimizar las consecuencias e interpretar que los adultos magnifican el problema para forzar su cambio.

Cómo padres responsables:

¿Qué responderíamos a las siguientes preguntas y cómo actuaríamos en consecuencia?

- ¿Cómo me dirijo a mi hijo con sobrepeso? ¿Cuáles son las palabras que utilizo para hablarle de su problema?
- ¿Qué estado emocional me genera su problema? ¿Me dejo llevar por el malestar y utilizo un tono y palabras negativas?
- ¿Estoy siendo muy reiterativo con el problema?
- ¿Hago comentarios negativos sobre mi peso o mi figura corporal delante de mi hijo?

Resumen de recomendaciones que ayudan a reducir el sobrepeso infantil

Conseguir que un niño esté en su peso saludable no es una tarea fácil, pero es posible y es menos difícil si se mantiene una actitud serena, firme y persistente (por este orden). Tenga muy en cuenta las siguientes sugerencias, consiga pequeñas metas y manténgalas; los cambios graduales que se mantienen son los responsables de los grandes resultados:

- Eduque a su hijo para que respete y cuide su cuerpo a través de la alimentación y la actividad física. Intente que su niño adquiera hábitos saludables cuanto antes. Es más sencillo aprender hábitos sanos en edades tempranas que cambiar lo que se ha aprendido mal.
- Comuníquele de manera sencilla y adaptada a su edad las repercusiones positivas de una alimentación saludable. Cuéntele historias o cuentos que le ayuden.
- Háblele de los distintos tipos de alimentos y de su origen. Propóngale juegos que le permitan experimentar con alimentos saludables. Deben conocer los alimentos y saber de dónde proceden.

- Dele información sobre la frecuencia de consumo adecuada de cada alimento. Es importante que conozca en qué consiste una comida balanceada.
- Favorezca que su niño desayune de forma saludable y asegúrese de que va entendiendo la importancia de desayunar adecuadamente.
- Establezca en su niño el hábito de 5 comidas al día para conseguir un estado de saciedad adecuado.
- Transmítale una actitud abierta y positiva para probar alimentos nuevos.
- Detecte y modifique la alimentación emocional en su hijo. Respete horarios, procúrele una dieta equilibrada y evite que la comida sea una distracción o un consuelo.
- Motive al niño en el consumo de frutas, verduras, legumbres y pescado. Por ejemplo, juegue a cómo discriminar estos alimentos por su forma, su olor, su tacto, su sabor; invéntese personajes o juegos divertidos que representen estos alimen-

tos, por ejemplo, cree personajes que los consuman y hablen de sus beneficios para el organismo.

- Reduzca todo lo que pueda el consumo de alimentos no saludables en su niño.

- Trabaje para asociar diversión con alimentos saludables. Cocine con su niño todas las veces que pueda, mientras le habla de los beneficios de lo que están cocinando. Transforme ese momento en un juego.

- Haga deporte con su niño y fomente la actividad física en él todo lo que pueda. Ayúdele a integrar el ejercicio físico dentro de las costumbres cotidianas (por ejemplo, no usar medios de transporte o el ascensor cuando no sea necesario).

- Proponga nuevos juegos que estimulen su movimiento. Cualquier tipo de juego que invite a saltar, desplazarse, arrastrarse, correr, trepar, lanzar o agacharse, es válido.

- Eduque a su hijo con pensamiento crítico. Aunque sea pequeño, explíquele las estrategias publicitarias y hágale ver que muchos de los productos anunciados no son saludables.

Referencias

Garrow, J. S. y Webster, J. (1985). Quetelet's index (w/h2) as a measure of fatness. *International Journal of Obesity, 9,* 147-153.

Wills, J. (2004). *The Traffic Light Diet*. Orion Books.

¿Cómo podemos ayudar a nuestros hijos con la alimentación?

La colección PsicoCuentos ofrece a los padres y a las personas relacionadas con los niños pautas de intervención provechosas avaladas por la investigación. Cada título consta de un libro guía para los padres con información contrastada y consejos prácticos sobre qué hacer o no hacer en el día a día, y de un cuento para el niño, con el objetivo de ayudarle a enfocar sus emociones de manera positiva y divertida, a resolver sus preocupaciones y dificultades, en definitiva, a enfrentarse a los retos de crecer, desarrollarse y hacerse mayor.

Libro que guía:
El niño con sobrepeso u obesidad

+

Cuento que ayuda:
De lentejas, tomates y pizzas mutantes

PIRÁMIDE

PsicoCuentos

María Isabel Borda Crespo

DE LENTEJAS, TOMATES Y PIZZAS MUTANTES

PIRÁMIDE

Ilustraciones de:
José Luis Espuelas

DE LENTEJAS, TOMATES Y PIZZAS MUTANTES

Primera edición: octubre, 2025

© María Isabel Borda Crespo
© Ilustrador: © José Luis Espuelas
© Ediciones Pirámide (Grupo Anaya, S. A.), 2025
Valentín Beato, 21. 28037 Madrid
Teléfono: 91 393 89 89
www.edicionespiramide.es

PAPEL DE FIBRA
CERTIFICADA

ISBN: 978-84-368-5073-4
Depósito legal: M. 17.029-2025
Impreso en España - Printed in Spain

María Isabel Borda Crespo

DE LENTEJAS, TOMATES Y PIZZAS MUTANTES

PSIcoCuentos

EDICIONES PIRÁMIDE

Hace dos semanas, en la portada del periódico local, apareció una noticia muy especial que sorprendió a todos los habitantes del Reino de los Alimentos:

¡Gran anuncio!

El próximo 23 de abril se celebrará en el majestuoso Salón de los Espejos de nuestra ciudad el I Concurso Internacional de Alimentos Saludables.

Todos los alimentos que deseen participar deberán presentarse y explicar por qué merecen ser reconocidos como un ejemplo de salud y bienestar.

El jurado estará compuesto por tres distinguidos miembros:

- Doña Felisa, la hamburguesa apetitosa.
- Don Enrique, el salmonete saltarín.
- Doña Clotilde, la modesta lechuga.

Los interesados deberán inscribirse enviando un mensaje a:

alimentosaludable@concursointernacional.ra

Silvestre, el tomate bonachón, rojo y brillante, leyó la noticia en el periódico y no lo dudó ni un segundo:

—¡Este concurso es para mí! —exclamó con entusiasmo.

Sabe que tiene muchas cualidades que lo hacen especial y siempre deja con una sonrisa a quien lo prueba.

A Silvestre le encanta compartir plato con sus amigas las verduras: el pimiento, la cebolla o el pepino en el gazpacho o el salmorejo. Pero, también se siente cómodo en ensaladas o en salsas que acompaña al pescado o a la carne. ¡Incluso las salchichas lo adoran!

Así que, con una sonrisa decidida, Silvestre escribió su inscripción al concurso y se preparó para dar lo mejor de sí.

Silvestre, entusiasmado con su participación, no tardó en animar a una de sus mejores amigas: Trini, la pizza mutante.

—¡Tú también debes presentarte! —le dijo—. ¡Eres única!

Trini es querida en todo el mundo, es una pizza muy especial. Aunque su base es siempre la misma, puede tener versiones distintas. A veces se viste de Margarita, otras de Cuatro Quesos y, en ocasiones, se atreve con un estilo más atrevido como Cuatro Estaciones o Vegetal.

—¡Soy como un disfraz comestible! —dice entre risas—. ¡Nunca paso de moda!

Además, Trini tiene grandes amigos que la acompañan en cada aventura culinaria: Silvestre, el tomate bonachón, que siempre le da color y sabor; Roberto, el queso fundido y simpático, y Verdelín, el orégano aromático que la hace inolvidable.

Aunque sabe que no todos la consideran un alimento saludable, Trini está convencida de que, con los ingredientes adecuados, sí lo es.

—Si me presento con mi mejor versión, tal vez tenga una oportunidad —pensó.

Y así, con su masa crujiente y su espíritu alegre, Trini también se inscribió en el concurso.

Óscar, el azúcar refinado, se enteró del concurso y se ilusionó con participar.

—¡Soy el alma de la fiesta! —piensa con orgullo—. ¿Qué sería de los pasteles o los caramelos sin mí? —¡Tengo una legión de admiradores! —pensaba mientras imaginaba a las torrijas, las palmeras de chocolate y los caramelos coreando su nombre.

Pero, en el fondo sabe que no todo es tan dulce como parece. Es consciente de que puede causar problemas de salud, como las temidas caries o el aumento de peso.

—Bueno... nadie es perfecto —se dice a sí mismo.

Aun así, convencido de su importancia en la historia de la cocina y de su capacidad para dar alegría a muchos platos, Óscar también decidió inscribirse en él.

Lola, la manzana elegante, leyó la noticia del concurso en silencio. No dijo nada a nadie. Como buena fruta de árbol, prefería actuar con discreción.

Sabe que tiene muchas razones para presentarse: es fresca, saludable y siempre bien recibida. Puede aparecer cruda en una ensalada, como postre en una merienda o cocida en una deliciosa compota. Incluso acompaña platos de carne con un toque dulce y suave que sorprende a todos.

—Soy sencilla, pero muy sana —pensó—. Y eso también es un valor.

Además, Lola tiene una historia que la hace única, ayuda a calmar el dolor de barriga, a bajar la fiebre y a mantener una buena digestión.

—No necesito hacer ruido —pensó—. Solo quiero mostrar lo que soy.

Y así, con su brillo natural y su elegancia tranquila, Lola también se inscribió en el concurso.

Pardina, una lenteja pequeña pero decidida, se miró al espejo con orgullo.

—¿Qué sería de una alimentación saludable sin nosotras las legumbres? —se preguntó.

Sabe que las legumbres siempre son un buen alimento, gracias a sus proteínas, minerales y vitaminas.

—Somos humildes, sí —pensó—, pero también esenciales. Voy a participar.

Así, Pardina llamó a sus primos: Ricardo, el garbanzo olvidadizo y Rita, la alubia entrometida. Les explicó su idea y les pidió apoyo.

Sus primos lo pensaron y Ricardo algo preocupado dijo:

—¿Pero te has olvidado de que a muchos niños no les gustamos?

—Es cierto —respondió Pardina—, pero también es verdad que, con el tiempo, aprenden a valorarnos. En la actualidad, brillamos en platos y, ahora, brillamos en platos modernos como el hummus, las ensaladas con alubias o las lentejas con setas. Incluso los garbanzos con pulpo son muy ricos.

Convencidos por su entusiasmo y sus sabias palabras, Ricardo y Rita decidieron apoyarla.

—¡Vamos contigo, Pardina! —dijeron al unísono.

Y así, con el apoyo de sus primos, Pardina también se inscribió en el concurso.

Por fin llegó el esperado 23 de abril. El Salón de los Espejos brillaba con luz propia, decorado con guirnaldas de frutas, verduras y legumbres. Los participantes fueron llegando puntuales e ilusionados, cada uno con su mejor sonrisa.

- Silvestre, el tomate bonachón, con su piel reluciente.
- Trini, la pizza mutante, luciendo su traje de Cuatro Estaciones.
- Óscar, el azúcar refinado, con su capa brillante de caramelo.
- Lola, la manzana elegante, con su porte sereno.
- Pardina, la lenteja orgullosa, acompañada de sus primos leguminosos.

Uno a uno, cada alimento expuso sus razones ante el jurado. Hablaron de sabor, de historia, de salud, de tradición y de innovación en la cocina. El público escuchaba con atención, aplaudiendo después de cada intervención.

Tras un buen rato, el jurado anunció su decisión:

- **Primer Premio**: Silvestre, el tomate bonachón, por su capacidad de acompañar a casi todos los alimentos, estar presente en una gran variedad de platos y dar siempre lo mejor de sí mismo con humildad y sabor.

- **Segundo Premio**: Lola, la manzana elegante, por su elegancia natural y su habilidad para complementar otros alimentos sin quitarles protagonismo.

- **Tercer Premio**: Pardina, la lenteja orgullosa, como representante de las legumbres, por su extraordinario talento para renovar la cocina tradicional y abrir la puerta a nuevos sabores.

Aunque no ganaron, Trini y Óscar también fueron reconocidos por su participación. Trini recibió una mención especial por su creatividad y capacidad de adaptación, y Óscar fue aplaudido por su sinceridad y por recordar que el equilibrio también es parte de una alimentación saludable.

Al final del día, todos celebraron juntos, compartiendo recetas, risas y abrazos.

Porque en el fondo, lo más importante no era ganar, sino demostrar que cada alimento tiene algo valioso que aportar cuando se combina con inteligencia, cariño y moderación.

ACTIVIDADES

1. ¿Haz una lista con los alimentos que más te gustan?

_____

_____

- -

- -

2. Ahora elige de la lista los tres alimentos más saludables.

- -

- -

- -

3. ¿Sabes hacer un dibujo pequeño de los siguientes alimentos?

Tomate / Garbanzo / Manzana / Zanahoria / Pescado / Caramelo / Pizza